MEMOIRE
en Images

LE CANTON DE DANJOUTIN

Une vieille ferme de Chèvremont avec le corps de logis (actuelle rue du Texas).

Photo de couverture : un train de chantier en 1913 à Sevenans.

MEMOIRE

en Images

LE CANTON DE DANJOUTIN

Christophe Grudler et Xavier Greffoz

ALAN SUTTON

Dans la même collection

Département du Territoire de Belfort

Belfort et ses quartiers I
Belfort et ses quartiers II
Delle

Département de la Haute-Saône

Amance et Jussey (les cantons de)
Amance et Vauvillers II (les cantons de)
Gray - Arc-lès-Gray
Gray et le Val de Saône
Héricourt
Port-sur-Saône (le canton de)
Saulx et Noroy-le-Bourg (les cantons de)
Vesoul I
Vesoul II
Villersexel (le pays de)

De nombreux ouvrages ont été publiés dans les autres régions françaises.
Un catalogue de plus de 1 000 titres est disponible sur simple demande
auprès de votre libraire ou aux Editions Alan Sutton.

Editions Alan Sutton
8, rue du docteur Ramon
37540 Saint-Cyr-sur-Loire

Première édition septembre 2001

ISBN 2-84253-668-1

Dépôt légal : septembre 2001
Imprimé en Grande-Bretagne par Oaklands Book Services Limited, Gloucestershire

Sommaire

La mairie-école d'Andelnans en 1913.

Introduction

Le canton de Danjoutin, dont les contours ont évolué au fil du temps, est la véritable porte d'entrée de la Trouée de Belfort, entre Vosges et Jura, Alsace et Comté, à deux pas de la ligne de partage des eaux entre la Méditerranée et la mer du Nord, le monde latin et le monde germanique.

C'est également un espace central de l'aire urbaine Belfort-Montbéliard au cœur d'un « pays » à construire, avec de nombreux aménagements à venir (ligne et gare TGV, autoroute A 36 élargie, développement de l'habitat et des zones industrielles et commerciales). Ces nouveaux équipements changeront plus encore sa physionomie, alors que l'évolution avait déjà été très marquée depuis le début du XXe siècle. Ces bouleversements risquent de faire disparaître une partie de la mémoire collective. Il était donc urgent de proposer un livre souvenir destiné à conserver une trace et à témoigner pour les générations futures de la réalité des douze communes du canton, entre le début et la fin du XXe siècle.

Qui se souvient qu'Andelnans, aujourd'hui grande zone commerciale, était il y a cent ans un modeste village agricole de la vallée de la Savoureuse et que Froideval n'était qu'une grosse ferme entourée de prairies ? Son voisin Sevenans, aujourd'hui siège d'une université de technologie de haut niveau, n'était lui aussi qu'un petit village agricole surplombé par un château abritant une famille d'industriels.

Le canton de Danjoutin est donc une zone de transition, de mutation et d'échanges, mais aussi de contrastes. Avec cet ouvrage, le lecteur découvrira des communes péri-urbaines à côté d'autres rurales. Cette diversité fait aussi la richesse de ce livre qui propose des photographies souvent inédites, que nous avons collectées auprès de collectionneurs ou d'anciennes familles des villages concernés.

Les documents photographiques offrent des éclairages ponctuels sur des mutations passées et sur d'autres à venir, ainsi que des témoignages sur des bâtiments et les familles qui ont franchi le temps, contribuant à l'identité du canton de Danjoutin d'aujourd'hui.

Son histoire complète reste à écrire ; notre prétention à travers cet ouvrage, où la photographie s'impose au texte, est exclusivement de proposer des bribes d'histoire par le prisme de l'appareil du photographe. Ce livre pourra aussi servir de point de départ à ceux qui, demain, souhaiteraient écrire complètement l'histoire récente du canton de Danjoutin.

Le parc du château de Sevenans vers 1900.

Remerciements

Les auteurs adressent leurs chaleureux remerciements à toutes les personnes qui les ont aidés ou orientés pour la réalisation de cet ouvrage, et notamment à Jean-Pierre Roth (maire de Sevenans), Pierre Rey (maire d'Autrechêne), Sylvianne Fleury (maire d'Andelnans et conseiller général du canton de Danjoutin), Michel Brouque, Emile Hautteberg, madame Bernardin, M. Lane, Didier Badiqué, Jean-Louis Philippe, Bernard Frézé et l'association Cartophiles et collectionneurs du Territoire de Belfort, Denise David-Lafette, Geneviève Zeller, Jean-Marie Meyer, monsieur et madame Jacques Valgueblasse, Gérard Behra, Claude Bourquard, Guy Matheron, Jacques Bergez, Jean Hochart, madame Morel, monsieur et madame Emile Bouquet, monsieur et madame Jacques Schtoll, Pierrette Grosrenaud et Roger Mougin.

I

Danjoutin

Danjoutin est le chef-lieu de l'actuel canton qui porte son nom. Ici, en 1913, les casernes du Bosmont sont en construction.

La rue du Bosmont et ses vieilles maisons vers 1900, avec à l'arrière-plan la colline des Perches. La route conduit à Belfort et arrive rue de Danjoutin (actuel magasin Leclerc).

Une vue de Danjoutin depuis les Perches vers 1900. A gauche, s'élèveront plus tard les immeubles de la rue du Stand. On découvre au milieu la voie ferrée qui conduit à Mulhouse et, à droite, la rivière la Savoureuse.

Scènes bucoliques pour dimanche ensoleillé sur les bords de la Savoureuse, à l'emplacement actuel de l'autoroute.

Vue aérienne de Danjoutin en 1947 avant que l'échangeur autoroutier ne vienne bouleverser le secteur.

Vue de Danjoutin depuis le Bosmont, vers 1900.

Les foins sur la colline des Perches en 1939.

Les casernes du Bosmont ont été construites en 1913 pour faire face aux besoins grandissants de logements militaires, suite au passage du service militaire à trois ans.

Vue intérieure des casernes du Bosmont. Par mesure d'économie, les bâtiments sont bas et de moindre qualité par rapport aux casernes plus anciennes de Belfort.

L'entrée des casernes du Bosmont, également appelées quartier Alexandre 1er.

Des soldats posent devant les casernes vers 1914. La Première Guerre mondiale va bientôt bouleverser leur vie.

Vue générale de Danjoutin vers 1900.

La Savoureuse à Danjoutin…

… et le pont principal de la ville.

Pour franchir les deux rives de la Savoureuse une passerelle a été construite au début du XXe siècle.

Vers 1950, Alcide Gigon (à gauche) et André Greffoz (à droite) posent avec un beau brochet sorti des étangs longeant la Savoureuse.

Au cœur de la commune, le pont et la Grand'rue. Les enfants de la commune posent pour le photographe.

Le pont de Danjoutin, avec à gauche un salon de coiffure.

Des soldats passent sur le pont de Danjoutin laissant à leur droite le monument aux Mobiles de 1870-71.

Le pont est présenté ici sous un autre angle.

Depuis le carrefour central, vue sur le pont vers 1900 et, ci-dessous, vers 1930. Avec le temps qui passe les commerces changent.

Une mère de famille et son bébé sont devant la place du Monument de 1870-71.

Un groupe de personnes pose devant le monument aux Mobiles de Sâone-et-Loire, défenseurs du village dans la nuit du 9 au 10 janvier 1871, avant qu'il ne tombe aux mains des Prussiens lors du fameux siège de Belfort.

Les enfants ne sont pas les derniers à poser devant le monument aux Mobiles.

Le monument aux Mobiles de Saône-et-Loire est l'un des sujets qui suscitera le plus de cartes postales au début du XXe siècle.

Vers 1920 sort de terre un autre monument aux Morts, celui de la Première Guerre mondiale. Ici, l'entreprise Tournesac de Belfort monte la dernière pierre de l'édifice.

La cérémonie d'inauguration du monument se déroule en présence de nombreux Danjoutinois.

Le monument aux Morts de la Première Guerre mondiale est ici achevé.

La mairie, en face de l'église. Au premier plan, le vieux cimetière sera démoli pour accueillir le monument aux Morts.

Une soirée de résultats électoraux à la mairie de Danjoutin vers 1930.

L'ancienne église de Danjoutin avec le cimetière autour, vers 1919. Au premier plan, de dos, la fille du photographe Lafette.

L'ancienne église et le monument vers 1920.

Vue de la nouvelle église avec, au premier plan, la sablière.

La nouvelle église vers 1930. Le clocher et l'ancien chœur ont été conservés. Originaire du Haut-Doubs, le curé Jaurey est l'artisan de cette construction.

Fête-Dieu à Danjoutin le 7 juin 1942 avec les servants de messe.

La communion solennelle en 1936 à Danjoutin est célébrée par le curé Jaurey. Au fond, sixième en partant de la gauche, Roger Greffoz. A sa gauche se trouve Tritter qui sera maire d'Offemont. Le huitième en partant de la gauche est Paul Boulanger qui sera fusillé avec son père à Besançon en 1944 pour faits de Résistance.

Les communiants posent devant l'église de Danjoutin le 23 mai 1954.

L'école enfantine de Danjoutin vers 1900.

L'école Notre-Dame en 1948. L'institutrice à gauche est Odile Welfelé.

L'école de filles vers 1933…

… et vers 1935 avec madame Geyer (institutrice).

L'école maternelle vers 1932.

A droite, on reconnaît Michel Legrand avec sa classe en 1953.

L'école publique de garçons de Danjoutin en 1941.

Vers 1950, sur le terrain de football de Danjoutin, des animations sont proposées par l'école.

Le 17 août 1942 est marqué par le départ en colonie de vacances des enfants de Danjoutin. Ils se rendent au Val-de-Sainte-Marie (Doubs).

Jeannine Greffoz, Andrée et Jacqueline Vauclair testent leur voiture à neige dans les années 1930.

Glissades de la famille Lafette sur la Savoureuse gelée en 1926.

Danjoutin sous la neige avec une vue sur les usines Biau (filature et textile).

Le chasse-neige de la commune en 1928, face à la maison Bauer. A gauche, monsieur Bourquin, agriculteur rue d'Andelnans, est le propriétaire des chevaux.

La route de Montbéliard à Danjoutin vers 1900.

La route de Montbéliard à Danjoutin vers 1900.

L'entrée de Danjoutin. A droite, les rails du chemin de fer sont encore visibles.

Le centre-ville de Danjoutin en 1918. La chaussée évacue les eaux usées à ciel ouvert. Au fond, à droite, la route permet de regagner Belfort.

Les membres de la classe 1898-1918 de Danjoutin.

Une lavandière que l'on voit ici en pleine action.

La Maison Lafette en 1913 est partiellement démolie pour agrandissement (actuellement rue du Général De Gaulle). Après avoir travaillé chez Louis Hattiger, Fernand Lafette s'est installé à son compte comme photographe dans cette maison ; sa famille y habite encore.

L'entrée de Danjoutin dans les années 1920. Aujourd'hui, à l'emplacement des vaches, se situe l'échangeur de l'autouroute.

La maison d'Alfred Greffoz dans les années 1930, rue de Bavilliers. Originaires de Savoie, ses parents se sont installés comme horlogers à New-York au XIXe siècle. Né là-bas le 5 novembre 1861, Alfred est venu à Belfort, à la Porte de France où son père Joseph s'est ensuite installé comme horloger. Alfred Greffoz s'est établi en 1912 à Danjoutin où il fut adjoint au maire et secrétaire de mairie.

La même maison après le bombardement des Alliés en 1944.

La route de Belfort (actuelle rue du Général Leclerc) vers 1900.

La sortie des usines Stein en 1910. Cette société danjoutinoise, créée localement après 1871 à partir d'une société alsacienne née en 1827, était spécialisée dans la câblerie. Elle fournit notamment les câbles de la Tour Eiffel ce qui lui valut une réputation dans le monde entier. Reprise en 1955 par la famille Hochart, l'usine emploie aujourd'hui 35 salariés.

La sortie d'un rouleau de câbles de l'entreprise Stein vers 1900 par des chevaux lancés au galop.

Vers 1920, les chevaux-vapeur ont remplacé l'animal pour sortir les bobines.

L'usine de tissage et textile Biau vers 1900.

La Maison Charles Schmidt était un autre fabricant de câbles de transmission. Ce cordier était installé route d'Andelnans.

II

Andelnans et Sevenans

La mairie-école d'Andelnans photographiée vers 1920.

Le pont sur la Savoureuse à Andelnans. Au fond, sur le pont, passe la ligne ferroviaire de Delle. A gauche, le bâtiment abrite aujourd'hui l'école.

Les auteurs de cartes postales se trompent parfois dans le texte : ici, le pont d'Andelnans est qualifié par erreur de pont d'Argiésans.

Le café-épicerie-mercerie Cramatte vers 1920.

Le café-restaurant-épicerie Hautteberg vers 1910 qui deviendra par la suite le café Moré.

Ce bureau de tabac du centre d'Andelnans a aujourd'hui disparu.

Emile Hautteberg à vélo en 1927. Il participait aux courses cyclistes de la région. Faute d'argent, il n'a pas pu participer au Tour de France.

Georges Dietrich et sa fille Germaine devant leur maison, rue de Danjoutin à Andelnans en juillet 1939.

Les petits écoliers d'Andelnans en janvier 1954.

Les élèves d'Andelnans en novembre 1956.

La ferme de Froideval vers 1900 est le seul vestige subsistant d'une commanderie d'Antonins, installée au XIVe siècle et démantelée à la Révolution française.

La ferme de Froideval sous la neige.

Une fête à Froideval vers 1920. Depuis plusieurs siècles, les habitants des environs avaient pris l'habitude de venir fêter la Saint-Antoine à Froideval. Aujourd'hui, les prés ont laissé place à trois lotissements.

Baignade dans le canal à Froideval en 1947.

Sur le pont de Froideval en 1947.

Nous sommes toujours à Froideval, mais en 1941. On assiste ici à la vente du bois.

La mairie-école de Sevenans vers 1910. L'enfant, près du poteau, s'appelle Jean Bourquard.

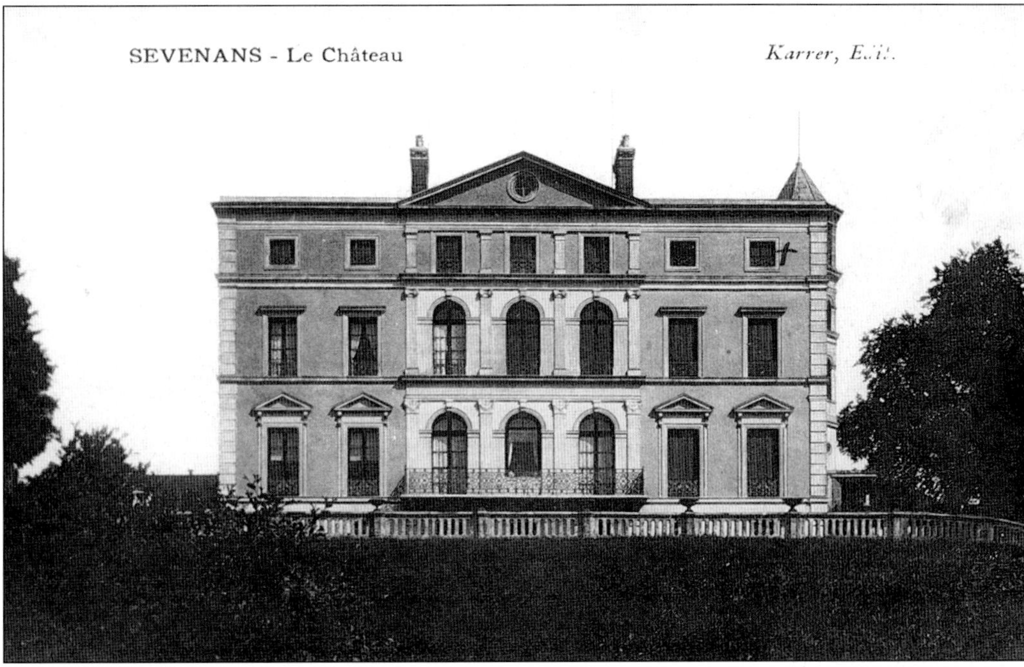

Le château de Sevenans a été construit dans la deuxième moitié du XVIIIe siècle par François-Bernardin Noblat, un Belfortain subdélégué de l'Intendant d'Alsace. Le bâtiment est longtemps resté le château Saglio. Il accueille aujourd'hui l'université de technologie de Belfort-Montbéliard.

Le château de Sevenans et le lavoir qui est visible au premier plan.

Vue générale de Sevenans au début du XXe siècle. Le village comptait 139 habitants en 1876 et 196 en 1975.

L'étang de Sevenans vers 1900.

Les membres du deuxième bureau de renseignements sont photographiés dans la cour du château de Sevenans en 1940.

Des enfants sur la terrasse du château.

Des femmes posent près du lavoir.

Depuis la ferme du château, on se livre à des promenades à vélo.

Femmes de prisonniers français pendant la Seconde Guerre mondiale.

Des militaires ont été logés à la ferme du château en 1939. Ils posent ici avec Pierrette et Robert Zaugg.

En 1941, des enfants de Sevenans se déguisent en gitans pour un spectacle destiné à préparer des colis pour les prisonniers de guerre.

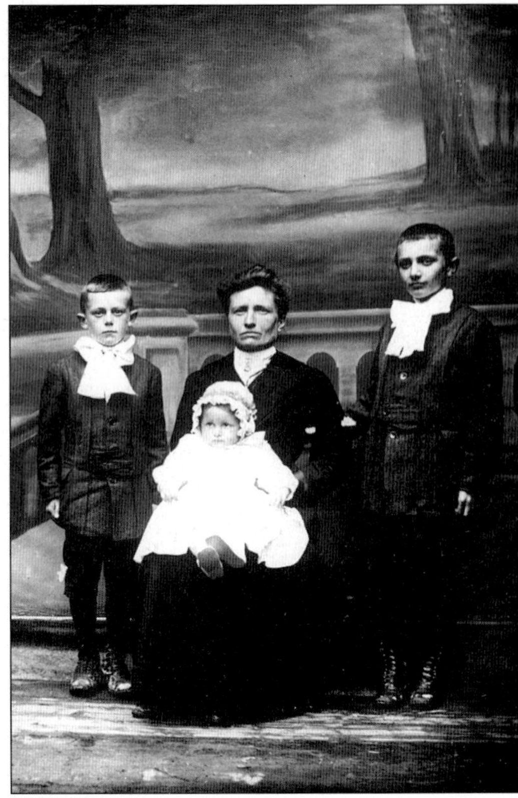

A gauche, Jean-Baptiste Roth, de Sevenans, en 1914, à l'âge de 40 ans. Il effectuait le ravitaillement sur le front à Verdun à l'aide d'une voiture à cheval. Sur la photo de droite Marie Clerc, épouse Beauseigneur, se trouve en compagnie de ses trois enfants, André, Marcel et Denise, en 1916.

Jeanne Bourquard devant sa maison à Sevenans en 1953.

Les conscrits de la classe 1912-1932 des quatre villages (Sevenans, Bermont, Botans et Dorans) en 1930, pour la sous-classe à 18 ans. De gauche à droite, au deuxième rang, Robert Collas (Sevenans), René Stouvenel (Sevenans), Désiré Orsat (Dorans), Massonot (Dorans), Victor Alby (Trévenans) ; au premier rang, Joseph Quilico, l'accordéoniste de Dorans qui accompagnait les conscrits, Paul Dubail (Sevenans) et Pierre Roth (Sevenans).

Les conscrits de la classe 1965. Au premier rang accroupis, Denis Bermont (Bermont) et Raval (Dorans) ; au deuxième rang, Francis Bruty (Bermont), Jean-Pierre Roth (Sevenans), Perron (Dorans), Pattingre, Gérard Haas (Sevenans), Jean-Paul Dubail (Sevenans) et André Lhéritier (Sevenans).

En 1913, le train de transport de gravier s'arrête quelques instants sur le pont de Leupe, à destination du fort de Meroux.

Une locomotive pour train de chantier à Sevenans. A droite, on reconnaît Auguste Hautteberg d'Andelnans.

La dragueuse dans la gravière de Sevenans vers 1905.

Equipe de chantier dirigée par Auguste Hautteberg (premier à gauche au premier rang), sous la drague creusant une gravière vers Bermont.

La gravière a été creusée à Sevenans pour la construction du canal de la Haute-Saône (l'église de Bermont au fond) vers 1905. A l'emplacement de cette gravière passe aujourd'hui l'autoroute. Le long des rails, on reconnaît, de gauche à droite, Auguste Hautteberg et son fils Louis.

III
Meroux et Moval

Les villages de Meroux et Moval ont souvent eu un destin historique lié, notamment, par une paroisse commune depuis le XIXe siècle. Fusionnées le 15 juillet 1972, les communes se sont séparées en 1997. Ici, Meroux vers 1915, avec à gauche l'ancienne maison Jacques.

Ces dames et ces militaires sont dans la rue du Lavoir, vers 1915.

Rue de Charmois vers 1915.

La route de Vézelois en 1915. La maison à droite existe toujours.

Les vélos et les piétons occupent la chaussée de la rue de Charmois au début du XXe siècle.

Le café de la Place, installé au centre du village.

Le quartier des Chèvres en 1934 (rue de Bourogne). De gauche à droite, les dames sont Pauline Viellard, Marie Bigeard et madame Guntz.

Le café des Chasseurs vers 1911 était un établissement très fréquenté.

Vers 1907, l'actuelle rue de l'Ouvrage avec un attelage de bœufs qui passe. A gauche, se trouvent les terrains sur lesquels sera construit le fort en 1913. Cet ouvrage complète alors le dispositif avancé de la place forte de Belfort, qui ne sera jamais approchée par les troupes allemandes pendant la Première Guerre mondiale.

Le presbytère et le calvaire vers 1915.

La gare de Meroux avec la locomotive 4 408, vraisemblablement en 1914. 112 machines de ce type ont été construites de 1913 à 1917. A Belfort, elles étaient utilisées pour la desserte des gares frontières de Delle et Montreux-Vieux.

Une autre vue de la gare de Meroux.

L'autel à l'intérieur de l'église est tel qu'on pouvait le voir en 1936.

L'église Saint-Nicolas vers 1910.

Vue intérieure en 1936.

L'inauguration du monument à la Vierge s'est déroulée en 1946. Une grande fête populaire y a été organisée.

Une autre vue de l'inauguration. Depuis, la statue de la Vierge veille toujours sur le village.

C'est le baptême de la cloche *Marie-Assomption* en 1956.

L'abbé Feinier pose à côté de la cloche.

La classe de 1913-1933 de Meroux et Moval. De gauche à droite, au premier rang : René Juif, Emile Bouquet, le maire de Moval Alphonse Gete, le maire de Meroux Gressot, X, X. Au deuxième rang : René Gete, M. Viellard, Fernand Malouvet, René Chevalier, X, Robert Œuvrard.

Les conscrits de 1934 de Meroux et Moval. De gauche à droite, au premier rang : X, Alphonse Jacques (Meroux), Lucien Jacques (Moval). Au deuxième rang : Maurice Guntz, X, Robert Œuvrard, le maire de Meroux Gressot, Robert Viellard, Alphonse Flottat.

Image pittoresque de l'école vers 1900. Les petits élèves viennent en classe en sabots.

L'école de Meroux vers 1925. De gauche à droite, au deuxième rang, on reconnaît : S. Gigandet, R. Jacques, R. Bizel, A. Gigandet, madame Gigandet (institutrice), G. Bizel, R. Bigeard, Alice Gete ; au premier rang : A. Jacquemin, H. Gressot, M. Œuvrard, I. Gressot, A. Peuquet, Julien Besançon, R. Malouvet et C. Œuvrard.

L'école de Meroux en 1952, où l'on voit les classes de madame Jost et de monsieur Lépingle.

L'école de Meroux en 1955.

La construction de l'ouvrage fortifié de Meroux s'est déroulée de 1908 à 1913.

Le coffrage des fondations de l'ouvrage de Meroux a nécessité la mise en action d'imposants madriers.

Des ouvriers de Meroux sont embauchés à la construction de l'ouvrage fortifié.

Les fondations avec les longs morceaux de bois sont déjà en place.

Les écoliers de Moval devant leur classe (actuelle mairie) en 1925. De gauche à droite, au premier rang, se trouvent Louise Marchand, Gabrielle Gete, Pierre Belli, Maurice Gete, Raymond Baur, Suzanne Barret, Alfred Clerc et Henri Clerc ; au deuxième rang : Marthe Bouquet, Emile Bouquet, Simone Dollet, Jean Belli, l'institutrice Alice Jordon, Hélène Barret.

L'école de Moval vers 1910.

La fontaine de Moval vers 1935. Elle était surmontée d'une croix de grès rose datée de 1848, rappelant la noyade d'un enfant à cet endroit. Une grille avait ensuite été posée. Cette fontaine, autour de laquelle s'étaient déroulés plusieurs accidents automobiles, a été couverte d'une dalle de pierre vers 1980.

Le calvaire de Moval.

IV
Vézelois

La rue du Marchu à Vézelois. Au centre on voit Marie Courtot avec un attelage de bœufs.

Une vue générale de Vézelois qui présente les champs depuis la rue de Meroux.

La maison de la famille d'Emile et Eugénie Lopinot vers 1920.

Charles Heiligenstein est devant l'ancienne maison seigneuriale construite au début du XVIIe siècle.

Vieille maison en toit de chaume devant la bascule. A gauche se trouve Xavier Nauroy et à droite Charles Heiligenstein.

Une vue du café Fallot…

… et une autre du café Piquerez.

Les vaches d'Alphonse Laïly de Vézelois sont prêtes pour le concours général de Paris en 1909.

Alphonse Vauthier, marchand de vin, exerce à Vézelois.

Devant cette maison le matériel agricole montre que nous sommes dans les années 1920.

Soldats dans la cour de la ferme pendant la Première Guerre mondiale.

Le chef de gare et des passagers prennent la pose en gare de Vézelois. Le chemin de fer est alors le transport en commun le plus utilisé.

Place du Tilleul et route du Fort, le train suit la route.

La maison de Jules Nauroy (à gauche au premier rang). Sur le perron se trouve Octavie Nauroy (en chemisier blanc) et sa fille Adrienne à gauche.

Devant la maison, de gauche à droite, le photographe a réuni François Nauroy, Alphonse Fonmarty, Véronique Géhendez, Maria Nauroy et le facteur.

La mairie et la maison d'école de Vézelois.

Autre vue de l'école.

L'église de Vézelois a été en 1633 (lors de la guerre de Trente ans) le lieu d'un massacre de paysans par les Suédois. Mais il ne subsiste aujourd'hui plus rien de l'édifice de l'époque. L'église actuelle est de facture plus récente.

Le monument aux soldats prussiens de 1870-1871 rappelle les rudes combats du siège de Belfort.

Photo de famille devant l'église vers 1910. Les adultes, de gauche à droite, sont Philomène Œuvrard, Fanny Nauroy, Véronique Fonmarty et Berthe Charpiot. Les enfants sont Germaine et Marie Œuvrard et Marcel Nauroy.

Les pompiers de Vézelois en 1947. De gauche à droite : Roger Jacquemin, Roger Charpiot, Albert Mathey, Georges Comte, Pierre Schaeffer, Hubert Devantoy, Maurice Bermon et Armand Bourquard.

Bonhomme de neige, monté dans les années 1930.

L'atelier de couture de Rosine Mikalski le 17 avril 1916 à Vézelois. De gauche à droite, on reconnaît Hélène Michalski, Jeanne Vauthier, Rosine Mikalski et Marie Dunan, de Meroux.

Les conscrits de 1918. De gauche à droite, Gaston Grimler, Gaston Badiqué, Léon Morel, Armand Collas et Léon Besançon prennent la pose.

Les conscrits des classes 1927 et 1928. Au deuxième rang on reconnaît J. Nauroy (le maire), R. Chapuis, M. Morel, G. Romaire ; au premier rang : Hisleur (de Chèvremont), R. Reiff et G. Œuvrard.

Les conscrits des classes 1931, 1932 et 1933. Au deuxième rang (de gauche à droite) se trouvent R. Jacquemin, F. Bermon, R. Œuvrard, M. Nauroy, H. Œuvrard, G. Bermon ; au premier rang : M. Nauroy, E. Romaire, J. Nauroy (le maire), A. Charpiot et R. Œuvrard.

La classe des garçons en 1923. De gauche à droite, de haut en bas, on reconnaît M. Nauroy, P. Rothe, F. Nauroy, R. Stein, R. Chapuis, J. Bredmestre, G. Nauroy, A. Bredmestre, R. Danner (instituteur), M. Nauroy dit « Cécelle », R. Nauroy, M. Chapuis, A. Bourquard, H. Œuvrard, R. Mourez, M. Nauroy, J. Œuvrard, R. Jacquemin, G. Bermon, Robert Œuvrard, Raymond Œuvrard, F. Bermon, G. Bourquard, P. Perrin…

… et celle des filles la même année où l'on voit E. Rerat, S. Nauroy, Y. Bourquard, A. Œuvrard, A. Romaire, D. Bermon (épouse Laïly), R. Nauroy, L. Œuvrard, S. Vauthier, A. Lamboley (institutrice), M. Morel, M.-L. Bourquard, G. Clerc, M. Rothe, J. Bredmestre, L. Brocard, A. Rerat, D. Bermon (épouse Bourquard), M. Mourez, M. Bermon, M. Clerc, G. Bermon, S. Œuvrard, B. Bredmestre.

La classe des filles en 1895.

L'école de Meroux en 1954.

Souvenir du 14 juillet 1929 avec, de gauche à droite, Marcel Nauroy, René Mourez, Raymond Nauroy, Henri Œuvrard et Armand Bourquard.

Gaston Grimler (à gauche) traque des blaireaux en compagnie de deux garde-chasse.

V
Charmois, Novillard et Autrechêne

Vue générale de la Bourbeuse et du café Guerre, de Charmois, sur la route de Froidefontaine.

Le café Guerre Au Rendez-Vous des Pêcheurs situé au bord de la rivière la Bourbeuse, et à deux pas du canal du Rhône au Rhin. De nombreux pêcheurs venaient s'y désaltérer après leurs journées de pêche.

La famille Vogelsberger, de Charmois : Louis et Marie, agriculteurs, avec leurs deux enfants, Jeanne et Emile, vers 1925.

Attelage de bœufs en 1948 à Charmois. Madame Vogelsberger est en compagnie de son petit-fils Jean-Louis Philippe.

La famille Vogelsberger pose dans la cour de sa ferme en 1945.

A Novillard en 1915, devant la maison Hantz, des soldats de la Première Guerre mondiale sont en compagnie d'Eugène Hantz, ses filles Henriette, Marie, Marthe et sa femme Marie (de gauche à droite).

Le drapeau du 235e régiment de ligne est dressé devant une ferme de Novillard, pendant la Grande Guerre.

A Novillard, la Maison Dietsch en 1940 avec un soldat français du 408e régiment de chasseurs alpins.

Le 8 mai 1946, Yvonne et Gilbert Dietsch se marient et posent devant leur maison.

Les soldats du 408e régiment de chasseurs alpins travaillent à la réfection de la voie de chemin de fer.

Pendant la Seconde Guerre mondiale, deux soldats allemands entourent trois tirailleurs sénégalais qu'ils ont faits prisonniers. Madame Thevenin a été réquisitionnée pour leur faire à manger.

La fête des chars à Novillard en 1947. Une évocation du grand chêne d'Autrage (le plus grand chêne d'Europe détruit au XIXe siècle) était au programme.

Un attelage de chevaux prêt pour les labours.

Une maison de cultivateurs aisés de Rechotte, vers 1905.

La famille Grevillot, de Rechotte, pose vers 1895 devant sa maison.

La débâcle de 1940 : les troupes françaises refluent entre Novillard et Rechotte. Le mouvement des Allemands, contournant la ligne Maginot par la Belgique, a complètement pris en tenaille le dispositif de défense de la trouée de Belfort. La plupart des troupes installées dans la région de Belfort se dispersent avant un combat qui s'annonce inégal.

A Autrechêne, Marie Mouhat et sa fille sont en compagnie d'Yvonne et de Georges Scholler en 1933 . La commune d'Autrechêne est née le 1er janvier 1973 avec la réunion des hameaux d'Autrage, Eschêne et Rechotte.

VI

Perouse, Chèvremont et Fontenelle

Le village de Perouse au lendemain du siège de 1870-71. Copieusement bombardée, Perouse, lieu d'âpres combats, se remettra de cette épreuve.

La mairie, l'école et l'église vers 1910.

L'église vers 1900. Au premier plan se trouvent le lavoir et l'abreuvoir à bestiaux.

Le général Joffre est en visite à Perouse en 1915. Il se trouve ici sur le perron de la mairie-école.

La rue Principale de Perouse vers 1900, où il n'est pas surprenant de voir une charrette à bœufs.

Des nomades se sont installés sur le chemin appelé la Tranchée (à côté du cimetière), vers 1900.

Sur la route principale, à la sortie du village vers Bessoncourt, d'autres nomades s'installent temporairement.

L'église de Perouse vers 1900 vue depuis la route de Chèvremont.

Vers 1910, le café de la Concorde sur la route de Belfort.

Le café-restaurant Schaeffer dans la rue Principale, vers 1910.

Le café du Commerce de Perouse était également une épicerie-mercerie. C'était une double enseigne fréquente dans les villages du canton.

Vers 1939, les enfants de l'école de Perouse posent devant la cure.

Créée après guerre, l'Espérance perousienne proposait des chants et pièces de théâtre. Elle est ici photographiée le 9 mars 1947.

Sur une ancienne poudrière, les Allemands avaient construit une station de radar pendant la Seconde Guerre mondiale. A la Libération, elle est devenue un camp de prisonniers pour les Allemands. Vendu par les Domaines, le site est aujourd'hui entièrement construit et forme la rue des Lilas.

Le 29 mai 1964, les conscrits de Perouse font le tour du village.

Vers 1905, un cycliste s'accorde une halte sur un pont de pierre de Chèvremont.

L'église de Chèvremont a été construite en 1784 sur des plans du futur général Kléber.

Sur cette vue générale de Chèvremont, prise depuis la route de Vézelois, les prés n'ont pas encore laissé place aux maisons.

Ces deux clichés présentent l'arrière de l'église et le pensionnat des sœurs. Elles s'y sont installées après la guerre de 1870-71.

L'école des soeurs vue depuis la route de Fontenelle.

L'établissement religieux avec la cour de la Sainte-Vierge.

Intérieur de l'église paroissiale le jour d'une première messe.

Sur cette photographie de 1910, on reconnaît la chapelle de Chèvremont avec ses deux clochers.

Voici le monument aux Morts de la Première Guerre mondiale à Chèvremont à la croisée des chemins.

L'inauguration du monument aux Morts s'est déroulée vers 1920 en présence d'une nombreuse assistance, en tenue du dimanche.

Quelques habitants de Chèvremont en canotiers se sont regroupés au centre du village, vers 1910.

Arrivée d'un train en gare de Chèvremont vers 1905.

Le jardin de la laïque.

La classe de monsieur Sauner en 1950.

La classe de CM1-CM2 de monsieur Bernardin en 1956…

… et celle du CP au CE2 de madame Bernardin en 1958.

La maison communale de Fontenelle (vers 1917-1918) servait de mairie, d'école, de logement pour l'institutrice et de chapelle. A côté de ce bâtiment construit en 1860, on voit la maison du berger qui servait pour tout ce qui était communautaire (outils agricoles...). Le petit clocheton au-dessus de la maison permettait de prévenir en cas d'accident. On l'actionnait depuis le grenier de l'école.

Le 2 juin 1922 à Fontenelle, le village fête le mariage Besançon-Muller. Le mariage venait d'être célébré à Chèvremont.

Gaston Meyer en 1915, à l'âge de 13 ans, assis sur l'auge qui était l'abreuvoir de la ferme familiale à Fontenelle.

Emile et Marie Guyot, agriculteurs à Fontenelle, posent en 1915 avec François Meyer (à droite), maire du village au début du siècle. Né en 1856, ce dernier est décédé en 1926.

Du même auteur

Christophe Grudler a publié d'autres ouvrages consacrés à Belfort et à sa région :
Belfort, des hommes, une Révolution (avec André Larger), Ed. Deval, 1990.
Les maires de Belfort de 1800 à nos jours (avec André Larger), Ed. Le Pays, 1993.
Les vieilles familles du Sundgau, tomes 1, 2, 3 (avec André Ganter), Ed. L'Alsace, 1992-1995.
Le fusillé souriant, histoire d'une photo, Ed. Grudler, 1996 (médaille d'or de l'académie internationale de Lutèce).
Belfort, citadelle royale, forteresse républicaine (ouvrage collectif sous la direction de Jean-Pierre Kintz), Ed. Klopp, 1997.
Une carmélite à l'échafaud : Marie-Anne Brideau (1752-1794), Ed. Grudler, 1999.
Belfort et ses quartiers, Ed. Alan Sutton, 2000.